C'étoit peu que le

DÉFENSE

POUR MM.

L'ECUYER DE LA PAPOTIÈRE.

Défense pour m m
L'écuyer de la

par Savry Aîné

COUR SPÉCIALE DE L'ORNE.

DÉFENSE

Pour MM. DENIS-MICHEL L'ÉCUYER LA PAPOTIÈRE, ancien Officier de cavalerie au Régiment de Colonel-général;

STANISLAS et LOUIS L'ÉCUYER LA PAPOTIÈRE, ses deux fils, Propriétaires, demeurant à la Vignardière, Département d'Eure et Loir;

CONTRE

M. le Procureur général impérial près la Cour de justice criminelle du Département de l'Orne.

« Un événement imprévu fait quelquefois éclater » dans la suite l'innocence accablée sous le poids » des conjectures, et dément les indices trompeurs » dont la fausse lumière avait ébloui l'esprit du » magistrat ».

(D'AGUESSEAU).

LA probité de MM. de la Papotière, la justice et l'impartiale sévérité de leurs juges, les ont constamment placés, dans cette terrible affaire, au-dessus de toutes craintes. Forts du sentiment de leur innocence, ils sont cependant jetés dans l'horreur des prisons et poursuivis comme des êtres avilis par des actions infâmes!... De fausses préventions ont paru effacer soixante années de vertu!...

C'est du fond de ces prisons, qu'ils doivent à l'opinion publique de détruire jusqu'aux plus légères traces des inculpations portées contre eux.

Cette justification ne sera que la proclamation anticipée de la justice qui les attend; puisse-t-elle faire éclater cette vérité douloureuse : *« nul n'est exempt de » paraître dans l'attitude d'un accusé.... »*

Les troubles révolutionnaires montrèrent des brigands qui, sans appartenir à aucun parti, se couvrirent de tous les masques; on avait vu, au nom de la liberté et de l'égalité, comme au nom du trône et de la religion, commettre des crimes atroces. L'aurore du beau jour qui éclaire la France, semblait se préparer; les partis ne connaissaient plus d'autre point de ralliement que le gouvernement, et une police active, ferme et sévère garantissait par-tout la sureté publique et particulière, quand la diligence de Nantes à Paris fut attaquée, le 1.er frimaire dernier, entre Nogent-le-Rotrou et Monlandon, par une horde de brigands armés : les gendarmes qui l'escortaient furent grièvement blessés et mis hors de combat; on y vola des sommes considérables.

L'intérêt qu'inspiraient les gendarmes, l'horreur d'une scène qui ne rappelait que de trop affreux désastres, le zèle des autorités, tout prêta aux recherches qui se firent alors avec une activité dont les fruits restèrent enfouis pendant quelques tems.

Le gouvernement instruit, envoya un général (*) chargé de surveiller et d'activer de nouvelles poursuites, et le lieutenant de gendarmerie Caignou reçut une mission particulière. Les informations se continuèrent, et MM. de la Papotière furent assignés, comme témoins, devant le directeur du jury de Nogent; l'un d'eux fut même excusé, à la réquisition de l'officier de sureté, qu'il avait instruit d'un voyage pour Paris, et dont cet officier savait la cause.

Bientôt après on jeta des soupçons sur ces MM. On écrivit au Procureur impérial de Chartres, et l'officier de sureté de Nogent peignit, sous prétexte d'émigration, M. l'Écuyer père, qu'il avait excusé, quelques jours avant, en qualité de témoin, comme un homme suspect aux yeux du gouvernement.

On eut alors des renseignemens indirects sur plusieurs des prévenus; un nommé Martin, arrêté, se précipita, en passant, dans les étangs de Marchainville, et y mourut.

L'officier crut que c'était l'aveu tacite de son crime, et il pressentit que la femme Martin pourrait donner des renseignemens; il l'arrêta à son tour.

Elle déclara, en effet, tenir de son mari que le vol s'était fait pour MM. de la Papotière, et qu'ils étaient du nombre des brigands: tel fut, en apparence, le premier indice qu'on eut, et qui dirigea la marche contre ces hommes vertueux et tranquilles.

Bonnard, arrêté, convint aussi du délit, dit avoir été enrôlé par Guillin, autre prévenu, et que le vol s'était fait pour ces MM.

(*) Lagrange.

Le 11 pluviôse, on se transporta à leur domicile, où on arrêta François-Michel l'Écuyer, oncle, et Stanislas l'Écuyer la Papotière, son neveu.

Le père, comme on l'a vu, était absent pour Paris, et Louis était à Brest comme conscrit; on s'empara à leur domicile de quatre fusils doubles, quatre simples, cinq pistolets, six poires à poudre, de quelques balles et de six à huit livres de poudre, et on y prit également 10,618 livres 9 sous, en différens sacs, ce qui donna lieu encore à de fatales préventions.

L'instruction s'est suivie, et depuis six mois MM. la Papotière attendent un arrêt.

On les accuse de vol à force armée, avec attroupement et sur une grande route!...

Quel crime!... Mais quelle preuve a-t-on qu'ils en soient coupables?...

Une preuve en général est ce qui persuade l'esprit d'une vérité.

Elle est ou vocale, ou littérale, ou muette.

M. le Procureur impérial en produit de deux espèces.

La preuve vocale ou testimoniale, et de prétendues preuves muettes qu'il ne devrait appeler que des présomptions, et qui ne méritent pas même le nom de faibles indices. C'est sous ces deux rapports de l'attaque, qu'il faut d'abord diviser la défense.

Preuve vocale.

1.er Chef.

La femme Martin, arrêtée alors, a déclaré tenir de son mari, mort, qu'il était au vol de la diligence, qu'il s'était fait pour le compte de MM. la Papotière, qui en avaient eu bien des écus.

Bonnard, que Guillin l'avait engagé à être du vol de la diligence, qui se fit sous le nom de MM. la Papotière; qu'ils étaient du second peloton qui fit l'attaque; qu'en se retirant, il vit des hommes qui avaient des espèces de rotondes ou redingottes, avec de beaux fusils doubles, bien clairs, qu'il crut être MM. de la Papotière, qu'il ne connaissait pas, et dont il entendit les noms.

Et Biquet, enfin, qu'il avait été engagé par Guillin à voler la diligence, qu'il n'y aurait pas de mal, parce que le vol se ferait pour le compte de MM. la Papotière.

Telles sont les seules charges qu'ait pu obtenir, sans qualité pour instruire, le juge de paix de Longny, malgré ses pressantes sollicitations, malgré le spécieux de ces interrogats....

« Les méconnaissances de mauvaise foi dans » lesquelles vous vous renfermez, prouvent votre » culpabilité, *car je sais positivement*, que si vous » avez concouru au vol de la diligence, c'est que » vous y avez été excité par des personnes *qui ont* » *plus d'éducation que vous*.... ».

« Au fait, le vol a été fait *pour MM. de la* » *Papotière, des environs de Nogent;* si vous l'avez » fait dans cette dernière vue, vous pouvez encore » être excusé, car c'est dans l'intention de ce même » gouvernement, *de n'atteindre que les principaux* » *chefs, et de pardonner à ceux que la séduction* » *aurait pu égarer* (*) ».

(*) Voir les interrogatoires.

Avant d'entrer dans la discussion des prétendus témoignages, serait-il permis de demander au juge de paix, qui l'avait si positivement assuré que les prévenus qu'il interrogeait avaient été excités *par des personnes d'éducation* ; que le vol avait été fait *pour MM. de la Papotière ?* qui lui avait appris que le gouvernement ne voulait atteindre que *les principaux chefs ?* qui lui avait fait la promesse du pardon des coupables ? . . . .

Ils doutaient, ces MM. la Papotière, ils doutaient qu'un juge pût se livrer à de telles préventions ; promettre à des hommes une grâce qui ne dépendit jamais de la justice, pour arracher une dénonciation ; et tromper le malheureux qu'il interroge, pour compromettre la sureté d'un citoyen.

Mais il ne savait pas, sans doute, le juge de paix, que d'une première impression peut dépendre la vie ou la mort.

Heureusement ce n'est pas à des hommes d'un tel caractère qu'il appartient de prononcer ici !

Quelle foi en effet peut faire le témoignage de la femme Martin, des Bonnard, des Biquet, tous arrêtés et prévenus ?

Quelle foi peuvent faire ces Bonnard, ces Biquet, qui avouent un crime capital aux pieds mêmes de la cour qui tient sur leur tête les foudres de la mort ? Où est cette foi, cette probité voulue dans les témoins (*fides*, *mores*), et sans laquelle nul témoin ne peut être admis ?

En matière civile ils ne seraient pas entendus ; et quand il s'agit de la vie ou de la mort, ce serait dans des bouches infâmes que la cour irait chercher la vérité, qui ne peut plus y être ; irait puiser une conviction pour vouer à l'opprobre l'innocence même, par les bouches du crime.

A quoi donc tiendrait la destinée de MM. de la Papotière, si un seul instant elle pouvait être soumise au misérable qui vient jusque dans le sanctuaire de la loi implorer la miséricorde ?

Qui sait d'ailleurs si l'espérance du pardon, tant promis à Longny, n'a pas déterminé de semblables déclarations ?

Qui sait si les préventions qui avaient allumé l'indignation contre MM. de la Papotière et égaré le zèle, lors des interrogatoires, n'auraient pas décidé les réponses des femme Martin, Bonnard et Biquet ? . .

Cependant ni cette femme Martin, ni Biquet, ni Bonnard, en les supposant même dignes de quelque croyance, ne font aucune charge. . . .

Un témoin ne peut déposer que de ce qu'il sait pour l'avoir vu ; s'il ne dépose que de *ouï dire*, si sa connaissance est incertaine, s'il ne sait pas ce qu'il dit pour l'avoir vu et entendu, il ne peut faire preuve.

La femme Martin en déclarant qu'elle tenait de son mari que le vol de la diligence était fait pour MM. de la Papotière, ne parle que du *ouï-dire* d'un mari qui n'est plus, que du *ouï-dire* d'un lâche suicide qui, pour se soustraire au glaive de la loi, s'est précipité dans les eaux, et ne peut faire plus de foi qu'il n'en aurait fait. . . .

Lui-même Martin en faisant directement à la justice une semblable assertion, ne serait qu'un délateur infâme, qui ne devrait pas être écouté. Sa veuve a-t-elle donc purifié ce qui était essentiellement vicieux et corrompu ? . . .

Eh ! Martin n'eût-il pas pu venir démentir une telle assertion, et déclarer lui-même, comme Bonnard et Biquet, qu'il ne croyait que MM. de la Papotière étaient au vol, que parce qu'il avait été enrôlé sous leur nom par Guillin ou par quelqu'autre.

Comment Martin a-t-il su que MM. la Papotière étaient au vol ?

Sa veuve ne le dit pas.

Les y avait-il vus ?

Elle ne le dit pas.

L'avaient-ils engagé à y aller ?

Elle ne le dit pas encore.

Leur avait-il parlé avant ou après ?

Personne ne le dit.

Quelle preuve peut donc faire cette veuve, par un *ouï-dire*, aussi vague, aussi indéterminé, d'un homme indigne d'aucune croyance, qui s'excusait d'un crime, et qui, sans doute, n'eût déposé lui-même que de ce qu'il ne savait que par une fausse induction?

BONNARD, variant dans ses déclarations devant le juge de paix de Longny et devant M. le Président de la cour de justice, prouve-t-il davantage ? Non sans doute.

Accablé sous le poids des faits qu'il avoue, est-il le témoin pur que la loi demande ?

Non.

En disant qu'il savait que MM. de la Papotière étaient au vol, il ajoute qu'il ne les connaissait pas, et explique pourquoi il le savait.

Il avait été engagé par Guillin sous leur nom.

Il les avait entendu nommer dans le deuxième peloton, dont il n'était pas.

C'était pour eux qu'il croyait agir : Bonnard n'a donc su que par induction ; il ne savait donc pas personnellement qu'ils y fussent.

C'est donc sur la foi, sur l'assertion de Guillin, brigand, convaincu et mort dans les prisons, que le malheureux Bonnard acquiert cette croyance.

C'est donc sous l'assertion de ce Guillin qui l'enrôle (et qui depuis a méconnu jusqu'à sa présence au vol), que ce Bonnard atteste comme vrai un fait imaginé pour le conduire à une action criminelle, un fait à l'aide duquel il put être séduit ou trompé.

Et c'est d'après l'assertion de ce Guillin, que Bonnard croit que des hommes en rotonde, et avec quelques fusils clairs, dans un autre peloton que le sien, étaient MM. de la Papotière.

Il les a entendu nommer, dit-il encore.

Biquet, son camarade, ne parle pas de cette circonstance essentielle ; et il était avec lui, ni de prétendus fusils clairs, qui ne pouvaient briller dans l'obscurité (*) ; dans sa déclaration il assure, au contraire, n'avoir reconnu personne dans le peloton où il n'était pas, parce qu'il était trop éloigné.

Cette contradiction altère beaucoup encore la croyance peu méritée par Bonnard.

Mais serait-il donc étonnant que des brigands qui enrôlaient, sous le nom d'hommes vertueux, qui, à l'aide de ce nom respectable, cherchaient à faire des victimes ou des dupes de leur scélératesse, pour se dispenser de partager les fruits empoisonnés de leurs brigandages (**), eussent affecté de prononcer,

---

(*) Il était six heures, d'après l'acte d'accusation.

(**) Bonnard dit qu'il n'eut que 5 livres, parce que le vol n'était pas pour les voleurs.

à grands cris, les noms qui leur servaient de manteau, et celui de MM. la Papotière serait-il le premier qui eût enveloppé des actions infâmes, sans ternir son éclat ?

BIQUET prouve moins encore, s'il est possible, que la femme Martin et Bonnard lui-même.

Trompé par Guillin, il ne marche, selon lui, que pour rendre à MM. la Papotière une partie de leur fortune perdue; loin de la diligence volée, pendant l'action, il s'en retourne sans avoir vu, sans avoir connu, sans avoir approché personne dans le peloton qui attaque et qui exécute.

Comment donc Bonnard, au même peloton, a-t-il vu et entendu ce que l'autre n'a pu ni voir ni entendre ?

Et voilà les témoignages, les déclarations et les preuves qu'on oppose.

Quoi Biquet, quoi Bonnard, se sont déterminés à voler pour MM. de la Papotière qu'ils ne connaissaient pas, à soulever sur leur tête le glaive de la mort, sans autre intérêt que celui de personnes qu'ils n'ont pas vues; ils n'ont obtenu aucune récompense, aucuns remercîmens; ils n'ont pas même été encouragés par leurs chefs prétendus. Rien n'a précédé, rien n'a accompagné de leur part ce grand acte de dévouement !..... Quelle confiance !.... quelle autorité !...... quelle puissance invisible était donc attachée à ce nom des *MM. de la Papotière !*

Quelque difficile qu'il paraisse de croire à l'excuse donnée par Bonnard et Biquet, de penser que, sans aucun intérêt, ils se soient ainsi voués à la mort et à l'opprobre pour des personnes qu'ils n'avaient pas connues, et de rapprocher le sentiment élevé d'une grande générosité avec la bassesse d'une attaque à force ouverte, d'un guet-apens et d'un vol de grand chemin, s'il est vrai cependant qu'on ait engagé Bonnard et Biquet, sous le nom de *la Papotière*, cela prouve bien l'astuce et la finesse des brigands pour se faire un parti, où toute la faiblesse d'esprit et la grande détresse de leurs dupes; mais qu'en induire contre MM. de la Papotière? Rien....

Il faut dire au contraire que leur nom était respecté, qu'on croyait à leurs vertus, et que l'action que commettraient de tels hommes ne laisserait rien à craindre et cesserait d'être un crime.

Au moment où le procès était prêt à se juger, des renseignemens parvinrent sur de nouveaux auteurs du vol de la diligence du 1.er frimaire; l'instruction s'est faite, et par l'acte d'accusation, M. le Procureur impérial paraît avoir des preuves contre les nouveaux prévenus qu'il accuse.

Un M. Fergon, de Nogent, avait chargé à la diligence volée une somme de 2,000 livres en écus rognés et pièces démonétisées, qu'il envoyait à Paris, dans un sac.

On donne pour preuve contre Rouillon père, l'un des nouveaux accusés, qu'il a offert en paiement, à une femme Charon, un louis et un écu de six livres rognés, qui faisaient partie des 2,000 livres chargées par M. Fergon.

Et contre un nommé Landois, autre accusé, qu'étant

à Nogent dans une auberge, le samedi qui suivit le vol, il tira de suite, d'un sac qu'il avait, plusieurs écus rognés, pour le paiement de sa dépense, dont on ne voulait que pour le poids, ce qu'il refusa de consentir, en disant qu'il ne paierait pas dans ce moment, parce que tous les écus qui étaient dans son sac, qui était plein, étaient tous rognés.

Si Landois, si Rouillon ont volé la diligence le 1.er frimaire, s'ils ont eu ou s'ils ont partagé le produit de ce brigandage, s'ils en ont profité, *le ouï-dire* de la femme Martin, celui de Bonnard et de Biquet, les assertions hasardées du juge de paix de Longny et ses conséquences s'évanouissent comme l'ombre, puisqu'il reste prouvé que le vol ne se faisait pas pour ces MM. de la Papotière, et se faisait pour les voleurs Rouillon, Landois, Guillin, Née et autres.

Tant il est vrai de dire qu'un fait imprévu dément souvent des indices trompeurs.....

Preuve muette ou indices.

2.e Chef.

I.ere Présomption. *On a trouvé à la maison de MM. de la Papotière 10,618 livres 9 sous en argent, lors de l'arrestation de François-Michel l'Écuyer, oncle, et de Stanislas, son neveu.*

On avait pris dans la diligence, suivant le procès-verbal du maire de Monlandon, et suivant la feuille du conducteur, 17,866 livres 9 sous, en outre deux autres boîtes d'argent ou bijoux qu'on n'évalue pas.

Donc, dit-on, MM. l'Écuyer la Papotière avaient profité du vol.

Quelle conséquence ! . . . .

Quel motif ! . . . .

Quelle base ! . . . . pour asseoir une condamnation capitale ou fixer une arrestation, et pour outrager si vivement la sensibilité de MM. l'Écuyer. . . Mais l'objection existe, et il faut la combattre (*).

(*) EXTRAIT DES PROCÈS-VERBAUX.

Sacs d'argent volés à la diligence.

		L.	s.
1.er	1 sac n.° 7. de	300	
2.e	1. . . . n.° 12.	174.	
3.e	1. . . . n.° 1.	1,125.	
4.e	1. . . . n.° 2.	233.	
5.e	1. . . . n.° 3.	316	10.
6.e	1. . . . n.° 4.	200.	
7.e	1. . . . n.° 5.	213.	
8.e	1. . . . n.° 6.	100.	
9.e	2. . . . n.° 7.	300.	
10.e	2 boîtes sans n.os	4,000.	
11.e	1 sac n.° 17, de	1,000.	
12.e	1. . . . n.° 2.	2,250.	
13.e	1. . . . n.° 3.	402	5.
14.e	1. . . . n.° 1.er	117.	
15.e	3 sans n.os, montant ensemble	2,445.	
16.e	1 sac sans n.°	2,000.	
	En 18 sacs numérotés	17,866 l.	15 s.

Argent trouvé chez MM. de la Papotière.

1.er sac contenant	3,000 liv. en louis.
2.e	846 en écus.
3.e	894 *idem.*
4.e	500 en écus et monnaie.
5.e	553 *idem.*
6.e	540.
7.e	1,198.
8.e	2,987.
Idem.	95 f. en pièces de 5 francs.
9.e	5 f. 5 c. en cuivre.
En 10 sacs sans n.os	10,618 liv. 9 s.
Différence	7,248.
	17,866 liv. 9 s.

D'après la feuille de route et le procès-verbal dressé par le maire de Monlandon, il y avait de chargé à la diligence, dix-huit sacs de différentes valeurs, numérotés, deux boîtes dites contenir 4,000 livres; total connu, 17,866 livres 9 sous, et deux autres boîtes dont on ne connaissait pas le contenu ou la valeur.

Chez MM. la Papotière, on n'a trouvé, lors de l'arrestation, que 10,618 livres 9 sols, en or, argent et cuivre, dans dix sacs.

Pour que la somme trouvée chez ces MM. eût pu servir d'indices, il faudrait qu'il y eût eu ou des numéros sur ces sacs, reconnus par le conducteur, ou par ceux qui avaient chargé quelqu'une des sommes, ou bien une identité de monnaie, prouvée par une reconnaissance quelconque, que la totalité, ou à peu près, des 17,866 livres 9 sous, s'y fût rencontrée, que les sacs eussent porté quelque empreinte ou signe de reconnaissance, autrement il faudrait dire qu'une somme plus ou moins forte d'argent, chez un propriétaire aisé, sage et économe, deviendrait la preuve ou l'indice d'un crime abominable.

Rien cependant, ni numéros sur les sacs, ni identité dans les sommes ou dans le nombre de ces sacs, ni reconnaissance de monnaie, n'existe au procès.

Mais chez MM. l'Écuyer, dans une famille nombreuse, trouver, pour un des frères, déjà âgé et célibataire, ancien militaire pensionné, retiré à la campagne, jouissant d'un revenu de plus de mille écus, sans sa pension, une réserve en or de 3,000 livres et 1,740 livres pour ses besoins habituels, est une chose étonnante! mais seulement pour ces êtres prévenus ou aveuglés par les fureurs de la calomnie.

Des 10,618 livres 9 sous, 4,740 appartenaient donc à l'oncle, qui en avait 3,000 en réserve pour ses besoins imprévus : cette précaution sage n'est pas extraordinaire; les 1,740 livres étaient la partie des revenus touchés, qui servait à ses usages et à ses besoins habituels.

Quant au surplus, M. de la Papotière père devait, à la générosité de son frère, 3,000 livres touchées de la succession de sa mère, dont il avait hérité.

Du reste des sommes, une partie était à M. Denis-Michel l'Écuyer la Papotière et à ses deux fils, qui jouissent des biens de leur mère, morte, évalués plus de 3,000 livres de rente.

Quoi! on trouve dans une maison, pour une famille nombreuse, et appartenant à quatre personnes différentes, une somme de 3,000 livres procédant d'une succession ouverte et connue; 2,878 livres procédant des revenus économisés pour le besoin d'un père et de ses enfans, et échappés au séquestre; toutes ces sommes réunies font crier au vol, au brigandage!.,

Voilà cependant la clarté infernale à la lueur de laquelle on prétendrait vouer à l'opprobre des hommes connus par une moralité sans tache.

3.e Chef.

II.e Présomption. *Mais 8,000 livres, dit-on, ont été employées à acquérir une terre par M. Denis-Michel l'Écuyer la Papotière, émigré.*

D'abord, les 8,000 livres ne formeraient pas encore l'identité avec la somme volée dans la diligence, l'induction ne serait ni juste ni certaine; il ne serait ni sage ni prudent d'asseoir sur une semblable base un jugement capital.

Qui a su, qui a dit que M. Denis-Michel l'Écuyer devait acheter une terre? c'est lui-même; à qui? à l'officier de sureté de Nogent, vis-à-vis duquel, pour cette raison, il s'était fait excuser de comparaître, comme témoin, le 17 frimaire; qui savait qu'il allait faire cette acquisition? Nogent tout entier: nombre de personnes distinguées par leur moralité, leur état et leurs fortunes, l'ont attesté; les autorités du département et une enquête judiciaire ont prouvé cette vérité (*).

Rien de caché, rien de mystérieux dans cette acquisition;

(*) Dominique Meurger, notaire, dépose qu'il y a environ trois ans, le préfet d'Eure et Loir vint à Nogent avec le citoyen Philidor, conseiller de préfecture, qui, sachant que M. Denis-Michel l'Écuyer était près de rentrer, proposa à M. Alexandre l'Écuyer, son oncle, demeurant à Nogent, de faire des démarches auprès du citoyen Guilbert pour lui faire recéder la terre de la Papotière, confisquée pendant son absence, ce qu'il accepta avec reconnaissance, en ajoutant qu'il avait mis des *fonds en réserve*, présumant bien que son neveu n'en aurait aucuns à son retour pour acquitter le prix de l'acquisition; .... que quelques entraves suspendirent le marché jusqu'au mois de frimaire dernier, où une lettre du citoyen Guilbert, annonçant les accords définitifs, M. René-Alexandre l'Écuyer compta à son neveu, en présence de lui Meurger, une somme de 11,000 quelques livres qui furent envoyées par la diligence à Paris, où il accompagna M. Denis-Michel l'Écuyer : le contrat fut passé à la stipulation de M. Philidor pour M. Hugues.

M. Philidor dit, en sa déclaration du 29 pluviôse, absolument la même chose, et ajoute que la correspondance à cet égard a duré trois ans, indique le contenu et cite le numéro de ses lettres qu'il a produites.....

M. Dugué atteste qu'il y a environ deux ans, M. René-Alexandre l'Écuyer lui proposa de se charger d'une somme de 1,200 livres qu'il réservait pour acheter une partie des biens de son neveu qui avait émigré.

M. Bruson, propriétaire de Houdangeau, atteste que MM. René-Alexandre et Denis l'Écuyer furent chez lui environ cinq mois avant l'arrestation de ce dernier, pour traiter de cette terre qui avait été séquestrée sur M. Denis-Michel; qu'il lui en fut offert 16,000 livres par M. René-Alexandre, qu'il devait donner en pur don à son neveu.

(*Voir l'enquête cotée n.° 61.*)

acquisition ; et si M. Denis-Michel l'Écuyer eût pu se livrer au crime dont on l'accuse, aurait-il ainsi exposé à la notoriété publique le fruit de son affreux brigandage ?

Dans la visite qu'il faisait de son département en l'an 9, M. le Préfet d'Eure et Loir s'arrêta à Nogent chez M. René-Alexandre l'Écuyer, oncle de M. Denis-Michel.

C'est soulager son cœur que de le livrer à des épanchemens, et le Préfet reçut ceux de l'oncle respectable ; il parla des malheurs de sa famille pendant le cours de la révolution, et de la vente des biens de ses neveux qui étaient sans asiles.

M. Philidor, conseiller de préfecture, qui accompagnait M. Delaistre, comme secrétaire, et qui, pour un M. Guilbert, était chargé de toucher les revenus de la ferme de la Papotière, proposa d'en ménager l'acquisition ; l'oncle remercia avec sensibilité, et dit avoir les fonds tous prêts (*Voir la note, page 26.*).

Quelques entraves suspendirent la vente jusqu'au 20 frimaire dernier, et elle fut faite pour 8,600 livres, qui avaient été données par l'oncle et chargées à la diligence dès qu'il avait eu la nouvelle des accords.

Voilà tout le secret de ces 8,000 livres qui semblaient tant inquiéter.

Un bienfait de l'oncle, une acquisition d'une terre séquestrée précédemment, ne devaient laisser dans l'âme des neveux la Papotière, que le doux sentiment d'une reconnaissance inviolable et le plaisir nouveau de posséder encore ce qu'ils avaient perdu.

Cruelle fatalité, fallait-il que tu en fisses un motif d'accusation ! Pourquoi les forcer à justifier, par le témoignage respectable d'un magistrat, d'un jurisconsulte, de deux négocians et d'un notaire, cette vérité qui ne laisse plus d'équivoque ?

Nous devons à la bienfaisance de notre oncle les 8,600 livres, prix de l'acquisition de la terre la Papotière....

4.e Chef.

III.e PRÉSOMPTION. *On a trouvé chez MM. de la Papotière quatre fusils doubles, quatre fusils simples, cinq pistolets, six à huit livres de poudre, des cartouches* (*) *et des balles.*

Qu'en conclure encore ? Rien, absolument rien.

On sait qu'en matière de conviction, la loi ne demande pas compte aux arbitres souverains de la vie de MM. l'Écuyer de la Papotière, de la manière dont ils forment leur opinion ; ce n'est pas dans tel ou tel nombre de témoins qu'ils puisent la décision qu'ils ont à rendre.

Mais encore cette conviction ne s'acquiert que par les lumières de la raison ou par la force du sentiment.

Il serait embarrassant de donner, pour combattre ce chef, d'autres explications que celles des interrogatoires, où la noble franchise, la simple vérité se marquent dans chaque réponse et démontrent l'innocence.

M. Denis-Michel l'Écuyer s'était émigré, François-Michel son frère était resté en France ; chacun, avant l'émigration, avait une maison séparée, M. l'Écuyer la Papotière aîné y possédait un fusil double et deux simples.

Certes, une telle armure, pour un ancien militaire, à la campagne, dans une maison isolée, n'offrait rien de suspect.

(*) Il y en avait deux.

Ces fusils ont été conservés pendant les troubles.

M. l'Écuyer (François-Michel), amateur de la chasse, curieux de donner ce plaisir à ses amis, avait à sa campagne deux fusils doubles et deux simples.

Le troisième, tout neuf, venant de la manufacture de Saint-Étienne, était un cadeau qu'il venait de faire à un de ses neveux, prouvé par la facture jointe au procès.

Que de gens suspects, que de personnes jouissant de l'estime publique, se verraient accusés, si on pouvait induire de leur goût pour des armes, même inutiles, de criminels projets (*) ; le goût ou le caprice peuvent déterminer le nombre et la qualité des armes ; le besoin les nécessite quelquefois, et huit fusils pour deux maisons, huit fusils pour sa sureté, chez d'anciens militaires, chez des chasseurs, à la campagne, pour eux, leurs enfans, leurs amis ou leurs gens, ne présentent rien dont on puisse induire l'ombre d'un soupçon.

Dès avant la révolution, ils les possédaient ces fusils ; depuis les ont-ils cachés ? n'étaient-ils pas en évidence ?

A-t-on, lors, avant et depuis l'attaque, reconnu quelqu'une de ces armes, trouvées à la Vignardière, pour avoir servi à quelqu'un de ceux qui ont aidé ou commis ce vol ? Non.

A-t-on confié, à cette époque, quelque arme à des personnes inconnues ? Non.

Ont-ils disparu au mois de frimaire ? Non.

(*) Il est de simples citoyens bien connus, qui, par plaisir, ont jusqu'à quatre fusils, dont ils se plaisent à montrer la beauté.

Le lieutenant de gendarmerie les a-t-il trouvés cachés ? Non.

Que conclure donc ?

Que quand des brigands roulaient dans l'ancien Perche, quand une bande connue pour roder sur les confins du département de l'Orne, y attaquer dans les fermes, et y mettre à contribution à force ouverte, il était prudent de se tenir sur ses gardes.

Quant aux pistolets, il ne paraît pas qu'on se soit servi d'armes semblables, le 1.er frimaire ; mais il en fut pris deux sur un voyageur, venant de Nantes par la diligence.

Deux, sur les cinq trouvés à la Vignardière, étaient neufs et brillans.

On crut qu'ils pouvaient être ceux volés ; ils furent envoyés à Nantes, avec une commission rogatoire pour instruire : il résulte de l'instruction et de la lettre d'envoi, jointe aux pièces, que les pistolets de MM. l'Écuyer de la Papotière venaient de Saint-Étienne, et que ceux volés dans la diligence, avaient été fabriqués à Nantes, et portaient le nom de l'armurier *Cassagnard*.

Le pistolet d'arçon trouvé également, était le seul rendu après le désarmement de M. François-Michel l'Écuyer, sur deux qu'on lui avait pris dans des tems voués à l'oubli.

Deux vieux pistolets de poche rouillés, six livres de poudre et quelques balles ne méritent pas qu'on insiste davantage sur ce chef.

Les provisions de chasse, la sureté d'une maison près des bois et dans un pays infesté de voleurs, en justifient assez l'utilité.

5.e Chef.

IV.e Présomption. *M. Denis-Michel l'Écuyer et ses deux fils ont chassé, vers les quatre heures après-midi, le jour du vol de la diligence.*

Ce fait, fût-il vrai, ne prouverait rien.

On a vu ce jour-là chasser beaucoup d'autres personnes, qui, par leur moralité, leur naissance, leur fortune et l'estime (*) dont elles jouissent, sont au-dessus de tout soupçon.

Il fallait donc, d'après l'enquête, accuser aussi ce M. Lacroix, qui, le 1.er frimaire, chassait entre Monlandon et Nogent; ce M. Lacroix, magistrat de sureté, si empressé d'écrire à M. le Procureur impérial de Chartres.

« *Que la Papotière, émigré, homme ruiné par la* » *révolution, était dans cette dernière ville pour y* » *acheter sa terre; que l'argent qu'il destinait pour* » *en payer le prix, ne pouvait provenir que du vol* » *de la diligence* (**) ».

Mais M. Denis-Michel l'Écuyer père n'a point chassé depuis son retour; ses deux fils n'ont pas chassé dans les bois de Morainville ce jour-là, et il est impossible qu'on les y ait vus sur les trois à quatre heures du soir.

Une femme Tremblay déclare à la vérité, devant un gendarme de la Loupe, avoir vu chasser trois MM. de la Papotière dans les bois de la Pintière

---

(*) Voir l'enquête et les noms qu'elle renferme.

(**) Il faut convenir que ce style pouvait être plus décent, et les assertions moins hasardées ou moins fausses, mais il faut se faire un nom.

et Morainville, sur les quatre heures. Cette déclaration est du 6 frimaire.

Le 8, elle dit, devant le brigadier, avoir vu des individus armés, parmi lesquels elle a reconnu un des fils la Papotière, sans pouvoir dire son nom.

Elle ne sait plus que ce sont ces trois MM.; elle ignore jusqu'au nom de celui qu'elle dit avoir reconnu.

Devant le directeur du jury, le 20, elle assure seulement avoir entendu des chasseurs *et des chiens*, n'avoir vu qu'un chasseur qui était le citoyen la Papotière, connu sous le nom de *Louis*.

Mais lorsqu'on lui représente ces MM. à Alençon, elle se rétracte devant le Président de la cour, et dit il serait possible que je me fusse trompée; si j'ai cru que c'étaient MM. de la Papotière, c'est parce qu'ils vont souvent dans ce bois-là (Morainville); je n'en reconnais aucun (*).

(*) La femme Tremblay déclare, le 6 frimaire, par procès-verbal de Cailloux, gendarme à la Loupe, avoir vu, sur les quatre heures, dans les bois de la Pintière et Morainville, des chasseurs; que ces hommes étaient les citoyens la Papotière et ses deux fils.

Le 8 frimaire, devant le brigadier à la même résidence, elle dit avoir vu, sur les trois heures, dans les bois de la Pintière, trois individus armés de fusils, parmi lesquels elle reconnut un des fils de la Papotière, *sans pouvoir dire son nom de baptême.*

Le 20 frimaire, devant le directeur du jury de Nogent, elle dit avoir entendu le bruit des chasseurs et de leurs chiens dans les bois de la Pintière;

Que des chasseurs, elle n'en vit qu'un, qui était *le citoyen la Papotière, connu sous le nom de Louis.*

Le 21 pluviôse, devant le Président du tribunal, elle déclare

Quatre fois entendue ; quatre fois elle varie dans sa déclaration ; tantôt elle voit ces trois MM., puis elle n'en voit qu'un qu'elle ne connaît pas, puis elle dit l'avoir connu pour être *Louis*, puis enfin elle n'en reconnaît aucun, et n'a pensé que c'était eux que parce qu'ils vont souvent dans l'endroit où elle a cru les voir.... C'est cependant le seul témoin qui dépose de ce fait.

La fermeté dans le récit des circonstances, est essentielle pour la validité d'un témoignage (*quorum fides non vacillat*) ; si la variation d'un témoin le rend suspect et fait rejeter sa déposition, quelle doit donc être le sort de la déclaration insignifiante et rétractée de cette femme ?

A quoi tiendrait la vie et l'honneur des meilleurs citoyens, si elle dépendait de la déclaration capricieuse du premier menteur ?

Est-il un homme juste et sage qui fasse dépendre la destinée d'un accusé de déclarations hasardées, et dans lesquelles on épargne pas même les vraisemblances?

Eh ! si MM. de la Papotière eussent pu concevoir l'idée du crime dont on les accuse, eussent-ils donc

---

persister à sa déclaration du 20 frimaire, et ne reconnaître aucuns des MM. de la Papotière qui lui furent présentés.

Le 22 dudit mois de pluviôse, devant le même tribunal, elle dit qu'elle n'a point reconnu MM. de la Papotière qui lui ont été représentés ;

Que le jour où elle entendit trois chasseurs dans les bois de la Pintière, elle avait cru que celui qu'elle avait vu était le fils la Papotière, nommé Louis ; qu'elle n'aperçut pas sa figure ; que cependant il serait possible qu'elle se fût trompée, et que si elle crut que c'était MM. de la Papotière, c'est parce qu'ils vont souvent dans ce bois-là.

chassé *à voix*, au lieu de la scène, avant l'exécution?

Se seraient-ils présentés aux yeux des personnes qui devaient les connaître, pour s'y faire remarquer? eussent-ils fait tonner la campagne du bruit de leurs armes?

Celui qui fait mal, fuit les regards et s'enveloppe des ténèbres, *qui malè agit, odit lucem.*

Si donc MM. de la Papotière ont combattu ce chef, ce n'est pas pour l'intérêt de leur défense, il serait inconcluant, mais par respect pour la vérité; c'est parce qu'ils ne peuvent convenir avoir chassé, sur les quatre heures du soir, aux bois de Morainville et de la Pintière, puisqu'à cette heure ils étaient à la Vignardière.

Ils ont chassé, il est vrai, ce jour-là; mais c'était dans les bois d'Houdaugeau et sur la terre des Barres, loin de la Pintière et de Morainville.

Ils ont chassé, mais ce n'était ni Denis-Michel ni Louis, mais bien MM. Stanislas et François-Michel l'Écuyer; ce n'était point à trois et quatre heures, parce qu'à cette heure ils étaient à la Vignardière depuis deux heures de l'après-midi.

Personne ne parle de cette chasse; MM. de la Papotière eux-mêmes ont donc bien voulu instruire d'un fait indifférent en lui-même.

Faits justificatifs et contraires.

Mais que signifieraient ces déclarations détruites des femme Martin, Bonnard et Biquet? Quelle induction pourrait-on tirer des sommes, du nombre des fusils et des pistolets, de la poudre et des balles trouvés à leur domicile?

Du prétendu fait de chasse qu'on leur oppose et

des fausses inductions dont on les entoure, s'ils démontraient qu'à l'heure et au moment même de l'attaque de la diligence ils étaient à leur domicile...

On peut l'assurer d'avance, M. le Procureur impérial ne luttera pas à armes égales,.... et la rigueur de son ministère n'étouffera point dans son cœur le sentiment d'innocence de ceux que des circonstances malheureuses l'ont forcé d'accuser sans les juger coupables.

MM. de la Papotière étaient à leur domicile lors du vol de la diligence.

Si l'on consulte, à cet égard, l'interrogatoire prêté par eux devant M. le Président de la cour, il ne laisse aucun doute sur la vérité de leurs assertions.

A la manière modeste, simple et franche dont ils s'expliquent devant ce digne magistrat, on ne peut se défendre de la conviction intime de leur innocence.

Sans s'être communiqués, il n'est pas une circonstance de la journée du 1.er frimaire sur laquelle ils ne s'accordent parfaitement.

L'un d'eux cependant avait été arrêté aux portes de la capitale; l'autre dans une ville maritime, et MM. François-Michel et Stanislas en leur domicile, arrondissement de Nogent.

Ils citent, sans la plus petite variation, les démarches, les actions et toutes les occupations de cette fatale journée; nomment les gens qu'ils ont vus, ce qu'ils venaient faire à la Vignardière, les heures et les momens qu'ils y ont passés.

Si un seul mensonge eût pu échapper à la véracité de MM. l'Écuyer; si un d'eux eût varié sur une seule circonstance, que de nouvelles conséquences il eût fallu combattre?..

Sans chercher le crime, sans chercher l'innocence, M. le Président, qui a suivi toute l'instruction, n'a voulu que la vérité, et a fait assigner les témoins des faits avancés.

M. Denis-Michel, absent pour quelques instans, visitait une terre; il rentre, attendu par un exprès de son oncle et de sa tante, porteur d'une lettre dont il fallait la réponse; il l'écrit, et l'exprès qui l'avait attendue, ne repart qu'après quatre heures, laissant ces quatre MM. à la Vignardière.

Des fermiers conduisent de la paille, versent, cassent leur voiture, n'arrivent qu'à trois heures, repartent fort tard, avec une quittance expédiée, à la lumière, par M. de la Papotière aîné, qui reçut quelques fermages, et les laissent tous quatre à leur maison.

Un ouvrier étranger ne les perd pas de vue pendant toute cette soirée, et ne les quitte que vers dix heures.

Quatre témoins, parfaitement concordans, produits par M. le Procureur impérial, attestent cette consolante vérité; ils sont sans reproches, et reparaîtront aux débats (*).

(*) Chaillou apporta une lettre à M. de la Papotière aîné, de son oncle de Nogent, lequel absent, mais qui revint, fit sa réponse, qu'il emporta, sortit à quatre heures, laissant les quatre MM. la Papotière chez eux, où il avait vu décharger une charretée de paille par un homme de campagne et sa femme, arrivés vers trois heures, parce que la charrette, cassée en plusieurs endroits, avait versé.

Gadot dit qu'il passa la journée du 1.er frimaire à arranger de la filasse; que M. le chevalier de la Papotière fut à la chasse avec son neveu Stanislas; qu'ils revinrent vers deux

S'il est certain que la vérité d'une preuve dépende principalement de deux qualités dans les témoins, *la probité* et *la fermeté* dans le récit des circonstances;

S'il est vrai que pour de tels témoins on puisse répéter ces paroles sacrées : *croyez-moi parce que je parle de ce que j'ai ouï de mes oreilles, de ce que j'ai vu de mes propres yeux, de ce que j'ai touché de mes propres mains*;

S'il est vrai que deux témoins suffisent pour faire une preuve complète et légale,

Que deviendra donc, on le répète encore, la déclaration de pauvres malheureux, sans foi, avouant leur propre turpitude, démentis par l'enfant Courpottin, forcément arrêté lors du vol de la diligence, reconnaissant nombre des brigands qui y étaient et qui avouent, et respectant le nom de MM. la Papotière, bien

---

heures, quand on allait dîner; que l'aîné fut à la ferme de Ligny, où on l'envoya chercher pour recevoir une lettre apportée de Nogent par un exprès; qu'il répondit et donna une quittance à des fermiers qui avaient amené de la paille et versé, et qu'il l'écrivit à la chandelle; qu'ils ne quittèrent pas de toute la soirée la maison, et qu'il y resta jusqu'à dix heures.

Jumot dépose du versement de sa voiture; qu'il arriva à trois heures de l'après-midi, et trouva le chevalier et ses deux neveux dans la salle, et l'exprès chargé d'une lettre pour M. Denis-Michel la Papotière, qui devait être à la ferme de la Pisotte, qu'on avait envoyé chercher et qui revint; que lui et son épouse ne purent partir plus d'une heure après le soleil couché, et qu'en s'en retournant ils laissèrent à la Vignardière les quatre MM. la Papotière;

Que ce qui lui rappelle que c'était le 1.er frimaire, c'est qu'il lui fut expédié une quittance de fermage, qui porte cette date.

La femme Jumot dépose absolument la même chose.

remarquables, qu'il dit cependant n'y avoir pas vus, en assurant qu'il reconnaîtrait bien tous ceux qui y étaient (*)?

Qu'ils disparaissent ces vains fantômes, ces preuves chimériques, enfans de l'erreur ou de la prévention.

Qu'il disparaisse à jamais cet amas cruel de circonstances, cette foule hideuse et barbare de témoins muets qu'on opposerait en vain, et que la vérité sorte en feu du nuage obscur d'une fausse vraisemblance.

Fausseté et danger des indices.

Les prétendus témoignages détruits, fixons encore les regards sur la fausseté des indices ; il ne suffit plus à MM. l'Écuyer de la Papotière de sauver leurs jours, il faut encore dissiper les nuages dont on chercherait à envelopper leur honneur, si pourtant l'honneur dépend jamais de la calomnie ou de l'injustice.

Tout juge qui n'aperçoit pas dans une procédure cette clarté de preuves, ce concours d'indices qui ne permettent pas de douter que l'accusé ait commis le crime, ne doit pas balancer à l'absoudre.

(*) L'enfant Courpottin fut arrêté par les brigands le jour du vol de la diligence; ils lui donnèrent 54 sols après l'avoir forcé d'être en védette; il les vit tous, en connaissait plusieurs dont il dit les noms, en assurant qu'il reconnaîtrait bien tous ceux qu'il y avait vus, et dont il ne savait pas les noms: on lui a présenté tous les prévenus; il en a reconnu beaucoup qui avouent, et beaucoup d'autres qui nient; a soutenu sa déclaration en leur présence, et a déclaré que MM. de la Papotière, qu'on lui avait présentés arrière du tribunal, et en sa présence, n'étaient pas avec les brigands; qu'il en était bien sûr, et que si l'un des quatre, ou tous quatre y eussent été, il les reconnaîtrait bien.

A-t-on pu croire, a-t-on pu apercevoir dans la procédure entière, ces preuves, ces indices qui ne permettent pas de douter ? Non.

Et indépendamment des preuves positives qui existent en faveur de MM. de la Papotière, l'impartiale justice de la cour, la voix toujours ferme de ses magistrats, aurait encore fait entendre cette vérité : *nous ne jugeons qu'au nom du plus grand des héros; les tyrans seuls décident arbitrairement de la vie des hommes....*

Ils auraient rappelé à leur esprit ces condamnations affreuses proscrites par la raison, trop faiblement réparées par la philosophie, et qui souillent les annales du barreau.

Langlade mort aux galères pour un crime qu'il n'avait pas commis ;

Lebrun, injustement prévenu, périssant dans les tourmens de la question ;

Montbailly, innocent, expiré sur un échafaud,

Et le vertueux Calas, si grandement vengé depuis, mourant sur une roue infâme, pour un crime qui fait frémir la nature.....

Conduite morale de MM. l'Écuyer la Papotière.

La conduite morale de MM. la Papotière ne serait-elle pas elle-même un guide plus sûr que des apparences trompeuses, qui, quand elles ne seraient pas détruites, n'auraient d'autre force que celle des préventions qu'elles auraient fait naître ?

L'oncle et le père étaient décorés, avant la révolution, des signes distinctifs de leurs services militaires, et n'en perdent pas l'agréable souvenir (*).

L'aîné fut élevé à cette école fameuse qui forma l'immortel Empereur des français, devint officier de cavalerie, et servit en guerre pendant seize ans.

Les principes de son éducation, nourris et fortifiés dans les camps, ne s'effacèrent jamais de son âme; père de sept enfans, gratifié d'une pension, il ne leur donna pas d'autre exemple, et ne les guida que dans les principes de l'honneur et de la gloire.

Après quelques revers, après ces secousses révolutionnaires qui ne laissent aucun calme, qui renversent les trônes et culbutent les puissances, fier, orgueilleux même de la pureté de ses intentions, sans peur et sans reproches, il s'écriait au sein de sa famille :

Heureux qui satisfait à son humble fortune. . . .

Cette habitude de la probité dont il ne cessa de donner des preuves depuis son enfance, a-t-elle pu se corrompre si vîte au souffle impur de quelques brigands ou de quelques ennemis?

L'alarme jetée parmi des citoyens paisibles par de semblables arrestations, n'a-t-elle pu intéresser l'activité même du ministère public?

Quoi! pour nous servir des expressions d'un magistrat, pendant que l'innocence gémissait dans les fers, les poursuites faisaient diversion à la crainte des vrais coupables, leur inspiraient de l'impunité et les encourageaient à de nouveaux crimes (**).

Quoi! victimes de ce reste d'anarchistes par habitude, de dénonciateurs par métier, révoltés de voir l'ordre se rétablir, le règne de l'anarchie cesser, et sur-tout

(*) Ils étaient chevaliers de Saint-Louis.

(**) Giroust, président du tribunal de Nogent.

d'être soumis à un gouvernement malgré leurs efforts, MM. de la Papotière invoqueraient en vain l'honneur, premier patrimoine de leur famille, leurs services particuliers et la réclamation générale de tout leur département, ...

Une loi sage, produite par cette assemblée qui étonna l'univers (*), voulait que les prévenus pussent faire entendre des témoins, non-seulement pour établir leur innocence et se justifier du fait qu'on leur imputait, mais pour attester qu'ils étaient gens d'honneur, de probité et d'une conduite irréprochable.

Elle ne voulait pas les priver d'une ressource que les circonstances et la confiance, *que peuvent mériter les témoins, pourraient rendre très-précieuse à leur justification.*

MM. de la Papotière invoquent la notoriété publique de tout leur département;

Les magistrats, les administrateurs, les justices de paix (**).

Que ne pouvaient-ils appeler aux pieds du trône de la cour le premier magistrat d'Eure et Loir !

Que ne pouvaient-ils invoquer ses connaissances personnelles, soit comme administrateur, soit comme particulier ! . . .

Du haut rang où le gouvernement l'a placé, il ne peut quitter pour des intérêts particuliers, ou se faire entendre comme témoin; rien que d'officiel ne doit émaner de la préfecture, et MM. de la Papotière n'ont à produire que la lettre qu'il n'a pu refuser à la tendre sollicitude de leur vénérable oncle.

« Je crois fermement (écrit ce magistrat, le

(*) La constituante.

(**) Toutes les pièces sont jointes au procès.

» 22 floréal dernier) à leur innocence (de MM. » de la Papotière). Leur moralité, la sagesse de » leur conduite, la probité qui les caractérise, » repoussent les soupçons qui se sont élevés contre » eux ; mais ils sont en jugement ; et il n'est pas » dans mes principes de faire une démarche qui » pourrait avoir l'air d'une sollicitation. Si j'étais » consulté, soit par mon collégue, soit par les » membres du tribunal, alors je n'hésiterais pas à » rendre à vos parens *les témoignages qu'en mon âme* » *et conscience je ne puis leur refuser* ».

Voilà, voilà les boucliers impénétrables dont s'enveloppe la moralité des prévenus, dont on honore le malheur. Est-ce bien la confiance de tels témoins que la loi a voulu rendre précieuse à la justification de l'accusé ?

Quel hommage plus positif, plus vrai, plus précieux à la moralité, à la sagesse de conduite, à la probité qui les caractérise, pouvaient donc produire MM. l'Écuyer, et qui pouvait obtenir plus de confiance que le Préfet lui-même ?

Dans leur juste enthousiasme, à l'aspect de la liberté qui va leur être rendue et qu'ils n'auraient pas dû perdre, ils s'écrient aux pieds de la cour : « Que deviennent donc de vagues soupçons contre » d'aussi belles certitudes, ces ouï-dires, ces incon- » séquentes missives de l'officier de sureté, ces faux » bruits qu'elles ont fait répandre, ces recherches » inquiétes sur quelques fusils, sur une modique » somme de 10,000 et quelques livres, appartenant à » quatre personnes différentes, et cet amas fatal » et insignifiant de circonstances rassemblées pour » colorer une accusation ».

MAIS

MAIS *Denis-Michel l'Écuyer a émigré ; M. Lacroix l'a dit, et l'acte d'accusation le répète.*

D'autres tems, d'autres mœurs.

L'émigration fut commandée en France ou par l'opinion ou par la nécessité.

Les débris de la monarchie qui s'en allait par éclats, étaient près d'écraser tou ceux qui l'avaient défendue, et ce n'était un crime de la soutenir que pour le gouvernement constitutionnel de 1791, révolutionnaire de 1793, conventionnel de l'an 3, ou contre les directoires de vendémiaire, prairial ou de fructidor.

Par un élan universel on vient de proclamer l'empire ; quand on ne craint plus de regretter le sort de tant de victimes de leurs opinions, au moment où tout bénit le 18 brumaire de l'an 8, qui a anéanti tous ces tristes gouvernemens qui l'ont précédé, et fait sortir la France du cahos affreux où ils l'avaient précipitée, imputer à M. l'Écuyer de n'avoir pas pensé comme eux, ce serait presque lui faire un crime de sa vénération pour le gouvernement actuel.

L'émigration n'a démoralisé personne, et l'école du malheur fut souvent celle des vertus.

Comment donc supposer que parce que M. l'Écuyer père a été porté sur une liste de proscrits, il soit passé de la vertu au crime, et devenu un assassin perfide, un voleur de grand chemin ! .... Ces idées font souffrir ! ...

BIENTÔT dans le sanctuaire de la justice, ces MM. développeront davantage ces moyens de leur défense ;

ils attendent avec impatience et courage ce jour de vérité.

Puissent-ils oublier qu'ils n'y verront autour d'eux que des êtres qu'il ne connurent jamais, avec lesquels ils n'ont eu aucun rapport; ils sont loin de vouloir insulter à la position de ceux qui vont les entourer; mais pourra-t-on les confondre avec des malheureux sans naissance, sans ressources, sans éducation, accablés sous le fardeau de l'opinion publique, avouant, pour la plupart, des crimes épouvantables, et qui n'auront peut-être à invoquer que la modération et la clémence de la cour!

AUGUSTE VÉRITÉ! pourquoi tes rayons ont-ils tant tardé à éclater pour nous!.. Nous devons, hélas! aux formes de la justice, ce que nous ne pouvons imputer à l'impartiale activité de la cour, au zèle pur et loyal de son premier magistrat; nous lui devrons l'oubli de nos peines. Peut-être même un jour goûterons-nous quelque plaisir dans le souvenir tranquille de nos malheurs passés.

ARBITRES SOUVERAINS de nos destinées, Président et Magistrats du tribunal suprême où nous allons paraître, vous êtes chargés d'effrayer le crime par les foudres de la loi; soyez aussi les consolateurs de l'innocence opprimée. MM. de la Papotière sont au-dessus de la mort, mais ils craignent l'infamie... Proclamez, par votre arrêt, qu'ils furent faussement accusés : c'est une dette sacrée de la justice et des ministres qui l'honorent.

SAVARY l'aîné, *Av.t*

A ALENÇON, de l'Imprimerie de MALASSIS CUSSONNIÈRE, rue du Bercail. An XII.

www.ingramcontent.com/pod-product-compliance
Ingram Content Group UK Ltd.
Pitfield, Milton Keynes, MK11 3LW, UK
UKHW012120240726
13965UKWH00005B/1875

9 782013 053785